Impressum
Verlag: BABADADA GmbH, Nedderfeld 112 , 22529 Hamburg
Geschäftsführer / Verlagsleitung: Harald Hof
Druck: Books on Demand GmbH, In de Tarpen 42, 22848 Norderstedt

Imprint
Publisher: BABADADA GmbH, Nedderfeld 112 , 22529 Hamburg, Germany
Managing Director / Publishing direction: Harald Hof
Print: Books on Demand GmbH, In de Tarpen 42, 22848 Norderstedt, Germany

de School
школа

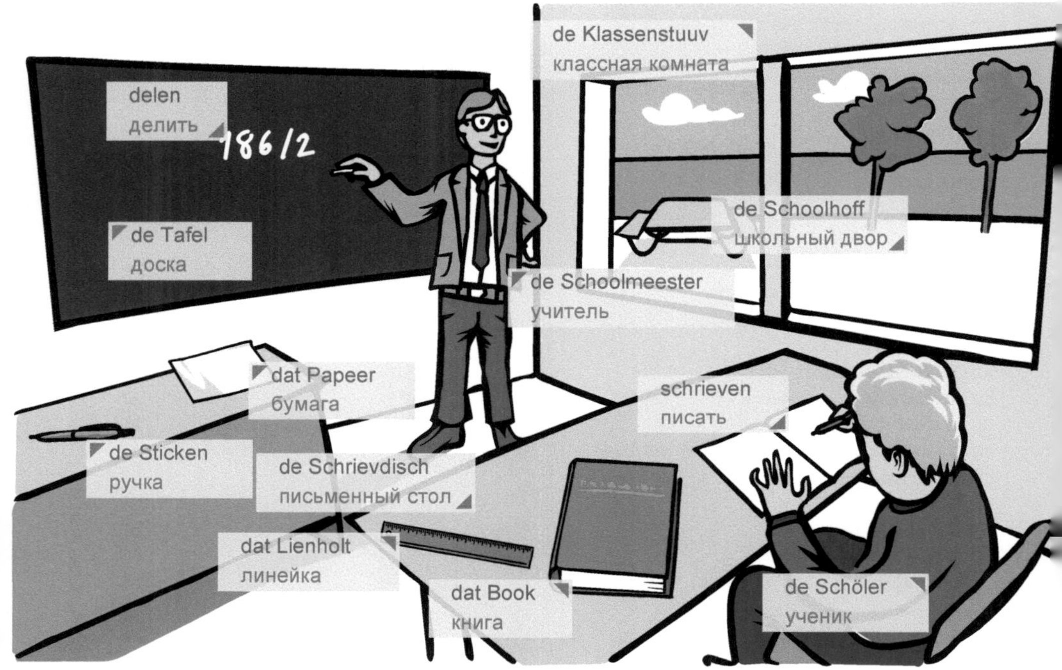

de Klassenstuuv
классная комната

delen
делить

186/2

de Tafel
доска

de Schoolhoff
школьный двор

de Schoolmeester
учитель

dat Papeer
бумага

schrieven
писать

de Sticken
ручка

de Schrievdisch
письменный стол

dat Lienholt
линейка

dat Book
книга

de Schöler
ученик

de Ranzel
ранец

de Feddermapp
пенал

de Bleesticken
карандаш

de Scharpmaker
точилка

dat Radeergummi
ластик

de Tekenblock
альбом для рисования

de Teken

рисунок

de Pinsel

кисточка

de Malkassen

коробка красок

de Scheer

ножницы

de Klever

клей

dat Heft to'n Öven

тетрадь

de Huusopgaav

домашняя работа

de Tall

цифра

tohooptellen

прибавлять

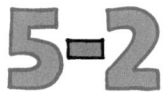

aftrecken

вычитать

malnehmen

умножать

reken

считать

de Bookstaav

буква

dat ABC

алфавит

dat Woort

слово

de Text

текст

lesen

читать

de Kried

мел

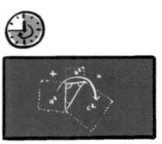

de Stunn

урок

dat Klassenbook

классный журнал

de Pröven

экзамен

dat Tüügnis

диплом

de Schooluniform

школьная форма

de Utbillen

образование

dat Nakieksel

энциклопедия

de Universität

университет

dat Mikroskop

микроскоп

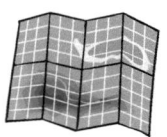

de Koort

карта

de Papeerkorf

корзина для бумаг

de Törn
путешествие

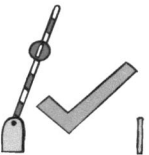

dat Hotel
гостиница
Grand
de Harbarg
турбаза
ROOMS
de Wesselstuuv
пункт обмена валюты
CHANGE
de Kuffer
чемодан
dat Auto
автомобиль

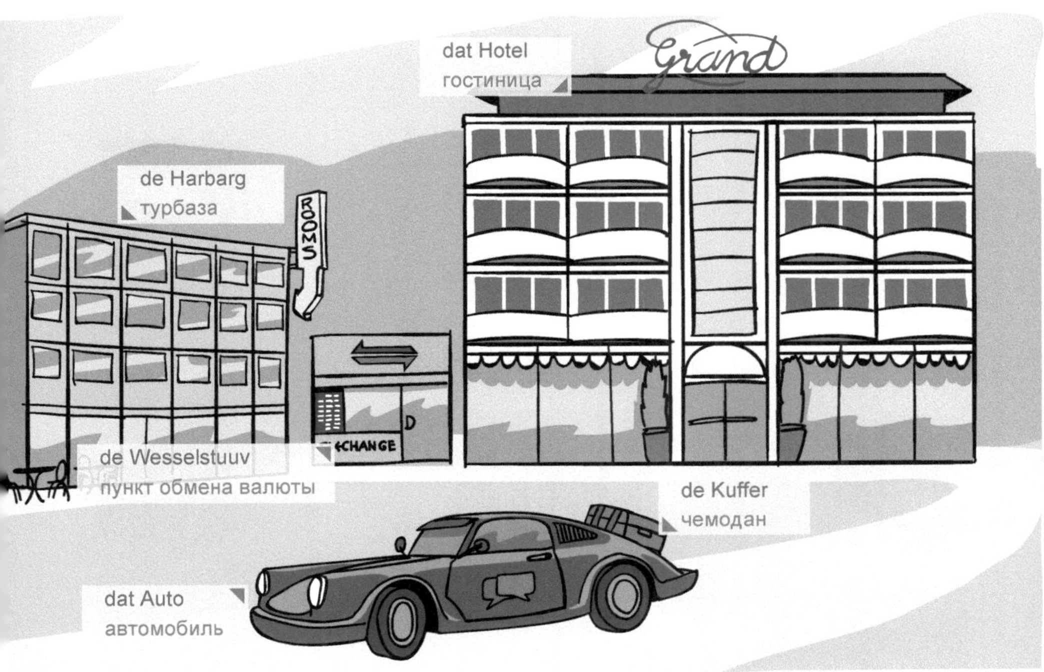

de Spraak

язык

jo / ne

да / нет

Jo

хорошо

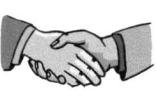

Moin

Привет

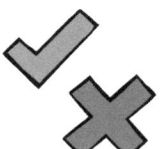

de Översetter

переводчик

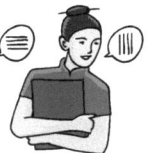

Dank ok

Спасибо

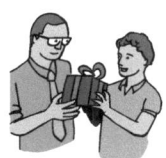

Wat kost...?

Сколько стоит...?

Ik verstah nich

Я не понимаю

dat Problem

проблема

Goden Avend

Добрый вечер!

Moin!

Доброе утро!

Gode Nacht!

Доброй ночи!

Tschüüs

До свидания

de Richt

направление

de Bagaasch

багаж

de Tasch

сумка

de Rüchsack

рюкзак

de Gast

гость

de Stuuv

комната

de Slaapsack

спальный мешок

dat Telt

палатка

 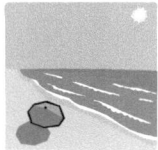 

Touristeninformatschoon — de Strand — de Kreditkoort

туристическая информация — пляж — кредитная карточка

dat Fröhstück — dat Meddageten — dat Avendeten

завтрак — обед — ужин

de Fohrkort — de Fohrstohl — de Breefmark

билет — лифт — почтовая марка

de Grenz — de Toll — de Bottschop

граница — таможня — посольство

dat Visum — de Pass

виза — паспорт

de Transport

транспорт

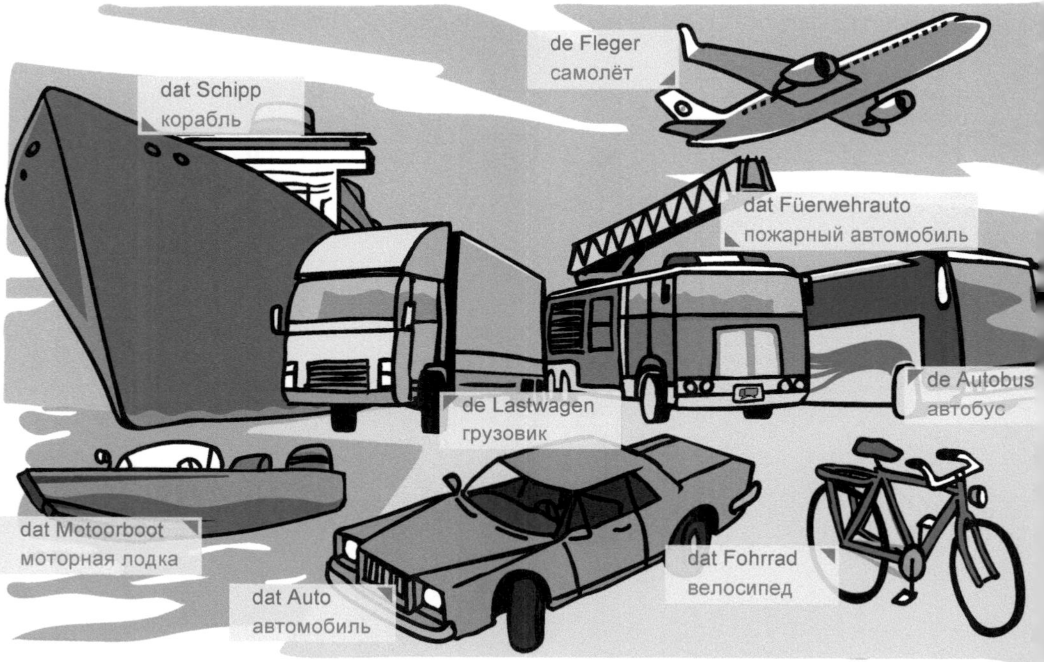

de Fleger
самолёт
dat Schipp
корабль
dat Füerwehrauto
пожарный автомобиль
de Autobus
автобус
de Lastwagen
грузовик
dat Motoorboot
моторная лодка
dat Fohrrad
велосипед
dat Auto
автомобиль

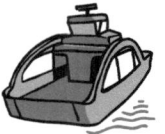

de Fähr

паром

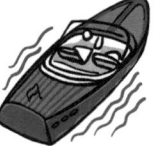

dat Boot

лодка

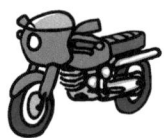

dat Motoorrad

мотоцикл

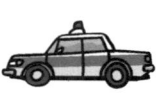

dat Polizeiauto

полицейский автомобиль

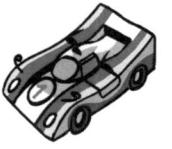

dat Rönnauto

гоночный автомобиль

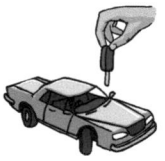

de Lehnwagen

арендованный автомобиль

dat Carsharing

совместное пользование
автомобилями

de Afsleepwagen

буксировочный
автомобиль

dat Müllauto

мусоровоз

de Motoor

двигатель

de Kraftstoff

топливо

de Tanksteed

заправка

dat Verkehrsschild

дорожный знак

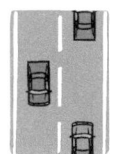

de Verkehr

движение

de Stau

пробка

de Afstellplatz

автостоянка

de Bahnhoff

вокзал

de Sporen

рельсы

de Tog

поезд

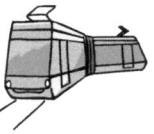

de Stratenbahn

трамвай

de Wagon

вагон

de Dwarsmöhl

вертолёт

de Flooghaven

аэропорт

de Tower

вышка

de Fohrgast

пассажир

de Grootkist

контейнер

de Karton

коробка

de Koor

тележка

de Korf

корзина

starten / lannen

взлетать / приземляться

de Stadt

город

dat Dörp

деревня

de Binnenstadt

центр города

dat Huus

дом

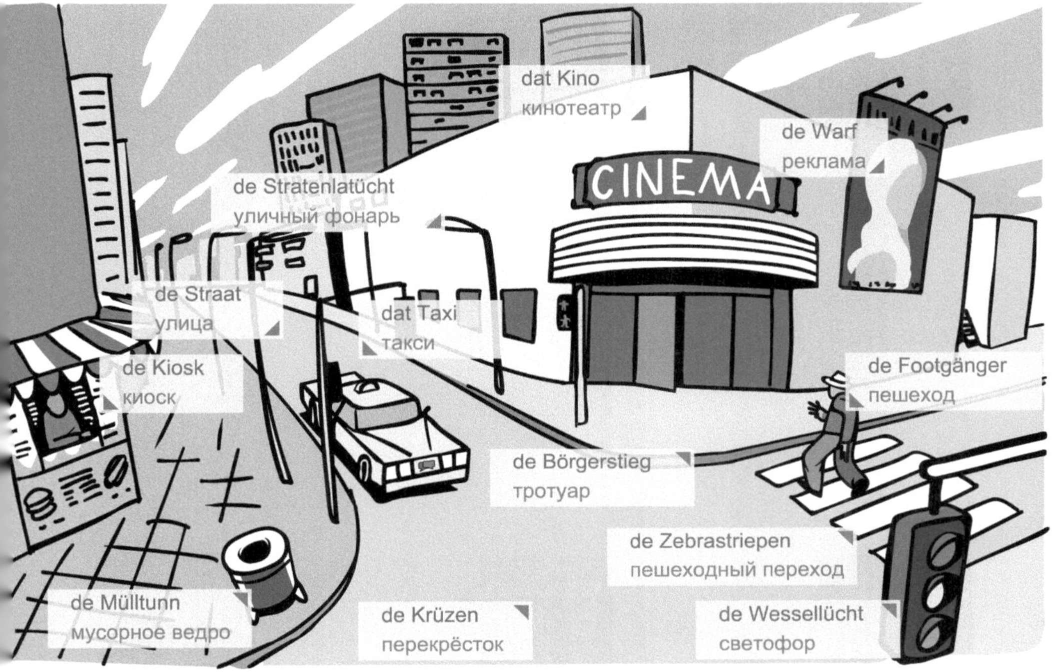

dat Kino
кинотеатр

de Warf
реклама

de Stratenlatücht
уличный фонарь

de Straat
улица

dat Taxi
такси

de Kiosk
киоск

de Footgänger
пешеход

de Börgerstieg
тротуар

de Zebrastriepen
пешеходный переход

de Mülltunn
мусорное ведро

de Krüzen
перекрёсток

de Wessellücht
светофор

de Hütt

хижина

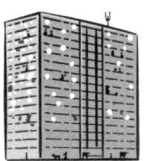

de Wahnung

квартира

de Bahnhoff

вокзал

dat Raathuus

ратуша

dat Museum

музей

de School

школа

de Universität

университет

de Bank

банк

dat Krankenhuus

больница

dat Hotel

гостиница

de Afteek

аптека

dat Büro

офис

de Bookhökerie

книжный магазин

de Hökerie

магазин

de Blomenhökerie

цветочный магазин

de Supermarkt

супермаркет

de Markt

рынок

dat Koophuus

универмаг

de Fischhökerie

торговец рыбой

dat Inkoopszentrum

торговый центр

de Haven

порт

de Parkanlaag

парк

de Bank

скамейка

de Brüch

мост

de Trepp

лестница

de Ünnergrundbahn

метро

de Tunnel

тоннель

de Busstoppsteed

автобусная остановка

de Bar

бар

dat Spieslokal

ресторан

de Breefkassen

почтовый ящик

dat Stratenschild

табличка с названием
улицы

de Parkklock

паркометр

de Deertenpark

зоопарк

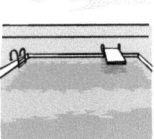

de Baadanstalt

бассейн

de Moschee

мечеть

de Stadt - город

13

de Buernhoff

ферма

de Ümweltversmudden

загрязнение окружающей среды

de Karkhoff

кладбище

de Kark

церковь

de Speelplatz

детская площадка

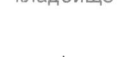

de Tempel

храм

de Landschop
ландшафт

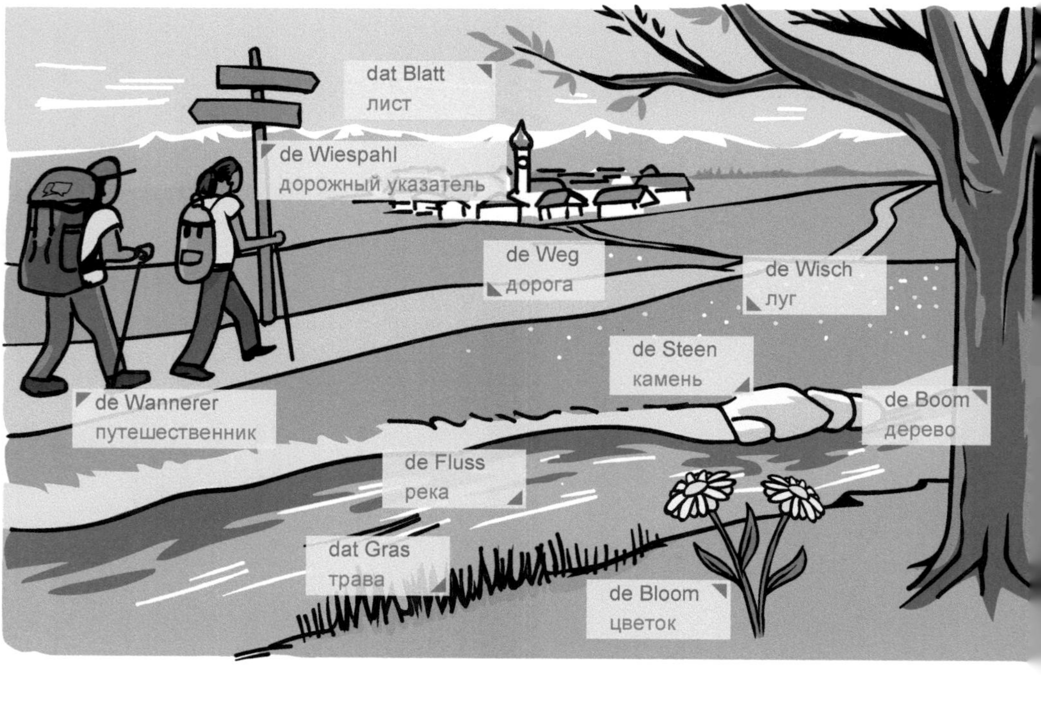

dat Blatt
лист

de Wiespahl
дорожный указатель

de Weg
дорога

de Wisch
луг

de Steen
камень

de Wannerer
путешественник

de Boom
дерево

de Fluss
река

dat Gras
трава

de Bloom
цветок

dat Daal

долина

de Barg

гора

de See

озеро

dat Holt

лес

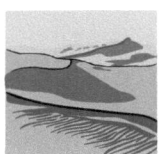

de Wööst

пустыня

de Füerspien Barg

вулкан

dat Slott

замок

de Regenbagen

радуга

de Poggenstohl

гриб

de Palm

пальма

de Steekmück

комар

de Fleeg

муха

de Miegeemk

муравей

de Imm

пчела

de Spinn

паук

de Sebber

жук

de Pogg

лягушка

de Katteker

белка

de Swienegel

еж

de Haas

заяц

de Uul

сова

de Vagel

птица

de Swaan

лебедь

dat Wildswien

кабан

de Hirsch

олень

de Elk

лось

de Staudamm

плотина

dat Windrad

ветряной генератор

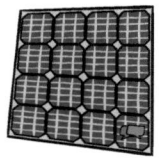

dat Solarmodul

солнечная батарея

dat Klima

климат

dat Spieslokal

ресторан

de Kellner
официант
de Spieskoort
меню
de Stohl
стул
de Supp
суп
de Pizza
пицца
dat Bestick
столовые приборы
de Dischdeek
скатерть

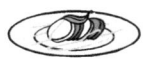

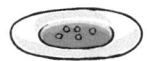

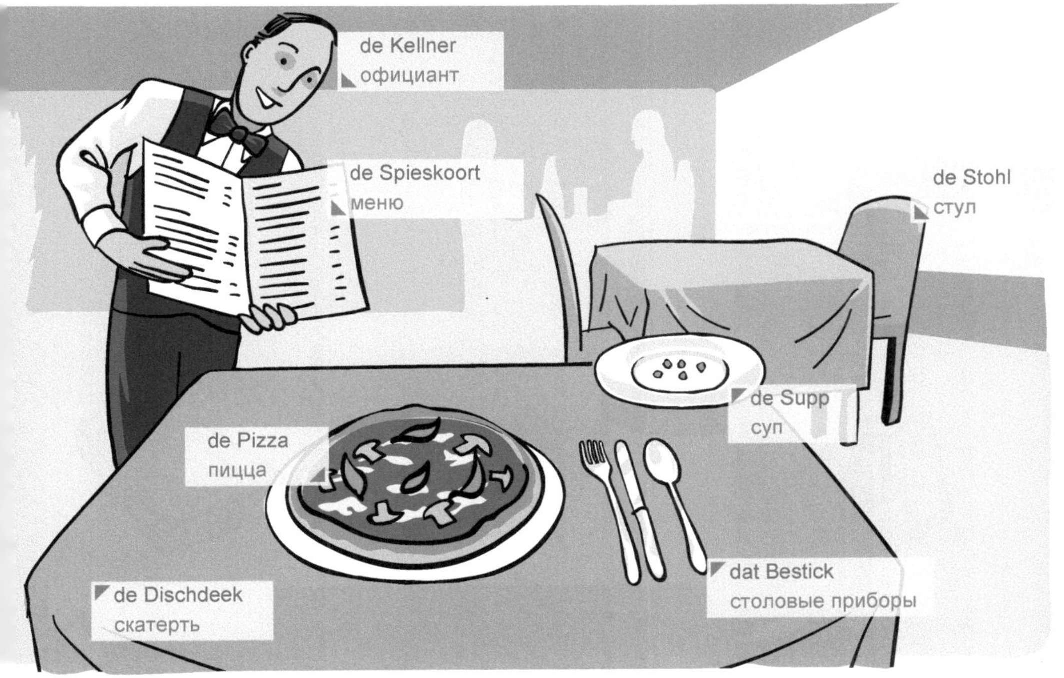

de Vörspies

закуска

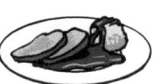

dat Haupteten

главное блюдо

de Nadisch

десерт

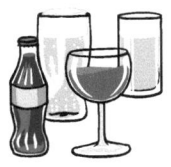

de Drünk

напитки

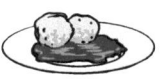

dat Eten

еда

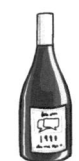

de Buddel

бутылка

dat Fastfood

фастфуд

dat Strateneten

уличная еда

de Teekann

чайник

de Zuckerdoos

сахарница

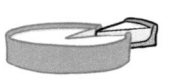

de Portschoon

порция

de Espressomaschien

кофеварка

de Hoochstohl

детский стульчик

de Reken

счет

dat Tablett

поднос

dat Mess

нож

de Gavel

вилка

de Lepel

ложка

de Teelepel

чайная ложка

dat Munddook

салфетка

dat Glas

стакан

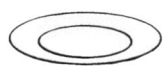

de Töller

тарелка

de Suppentöller

суповая тарелка

de Ünnertass

блюдце

de Sooß

соус

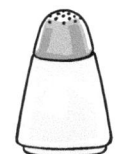

de Soltstreuer

солонка

de Pepermöhl

мельница для перца

de Etig

уксус

dat Ööl

масло

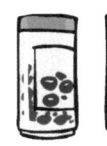

de Krüder

специи

de Ketchup

кетчуп

de Mostrich

горчица

de Mayonnaise

майонез

de Supermarkt

супермаркет

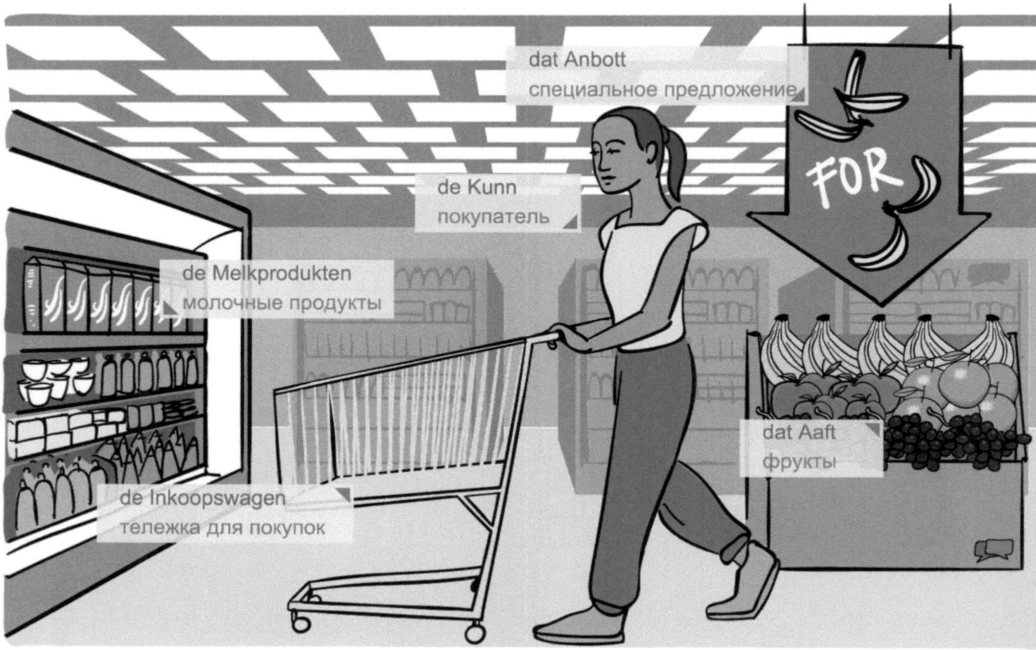

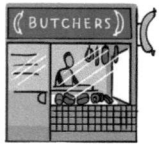

dat Anbott
специальное предложение
FOR
de Kunn
покупатель
de Melkprodukten
молочные продукты
dat Aaft
фрукты
de Inkoopswagen
тележка для покупок

BUTCHERS

de Slachterie

мясной магазин

BAKERY

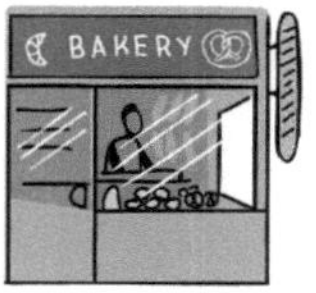

de Bäckerie

пекарня

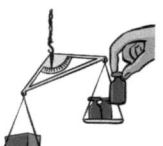

wegen

взвешивать

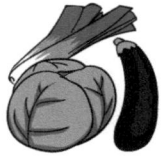

de Gröönsaken

овощи

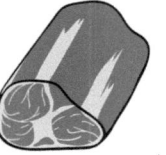

dat Fleesch

мясо

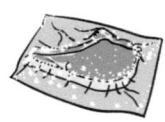

de Deepköhlkost

быстрозамороженные продукты

de Opsnitt

нарезка

de Konserven

консервы

de Waschmiddel

стиральный порошок

de Snoopkraam

сладости

de Huushooltssaken

предмет домашнего
обихода

de Reinmaaktüüch

моющее средство

de Verköpersche

продавщица

de Kass

касса

de Kasserer

кассир

de Inkoopslist

список покупок

de Opsparrtieden

время работы

de Breeftasch

бумажник

de Kreditkoort

кредитная карточка

de Tasch

сумка

de Plastiktüüt

полиэтиленовый пакет

de Supermarkt - супермаркет

dat Water

вода

de Saft

сок

de Melk

молоко

de Cola

кока-кола

de Wien

вино

dat Beer

пиво

de Spriet

алкоголь

de Kakao

какао

de Tee

чай

de Koffie

кофе

de Espresso

эспрессо

de Cappucino

капучино

de Banaan

банан

de Appel

яблоко

de Appelsien

апельсин

de Meloon

арбуз

de Zitroon

лимон

de Wöttel

морковь

de Knuuvlook

чеснок

de Bambus

бамбук

de Zibbel

лук

de Poggenstohl

гриб

de Nööt

орехи

de Nudeln

лапша

de Spaghetti

спагетти

de Ries

рис

de Salat

салат

de Pommes frites

картофель фри

de Braadkantüffeln

жареный картофель

de Pizza

пицца

de Hamborger

гамбургер

dat Sandwich

сэндвич

dat Snitzel

шницель

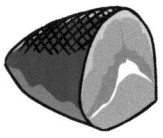

de Schinken

ветчина

de Salami

салями

de Wust

колбаса

dat Hohn

курица

de Braden

жаркое

de Fisch

рыба

de Haverflocken

овсяные хлопья

dat Müsli

мюсли

de Cornflakes

кукурузные хлопья

dat Mehl

мука

de Croissant

круассан

dat Rundstück

булочка

dat Broot

хлеб

dat Toast

тост

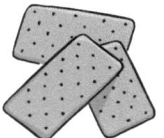

de Keksen

печенье

de Botter

масло

de Quark

творог

de Koken

пирог

dat Ei

яйцо

dat Spegelei

яичница

de Kees

сыр

de Ies

мороженое

de Zucker

сахар

de Honnig

мёд

de Marmelaad

мармелад

de Nougat-Creme

крем с нугой

dat Curry

карри

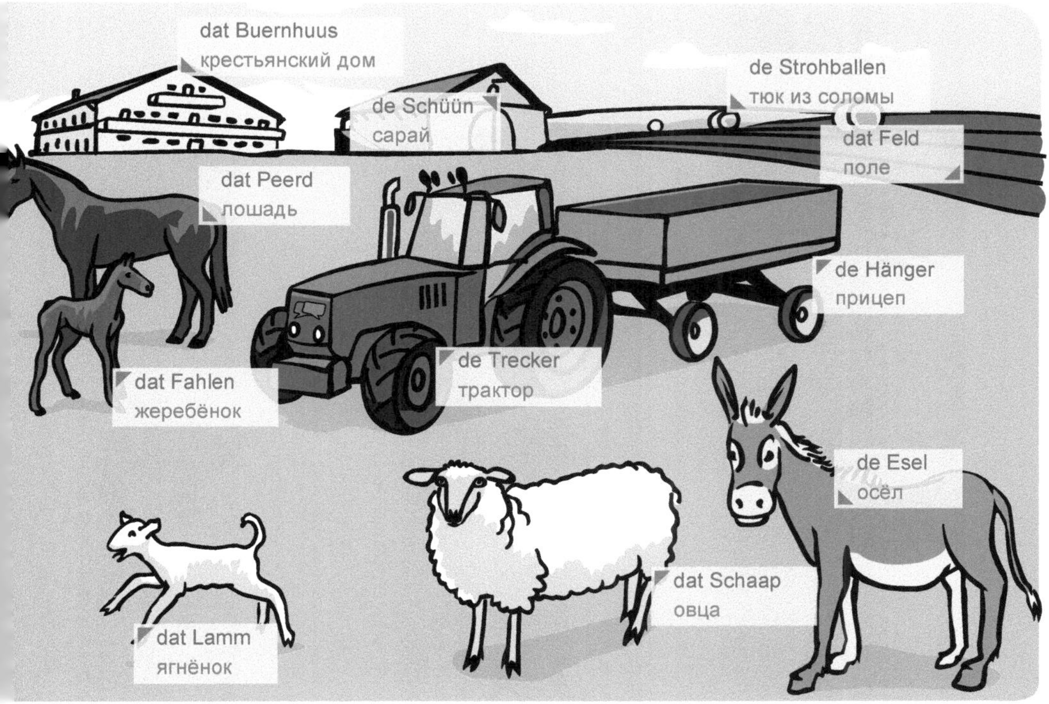

dat Buernhuus
крестьянский дом

de Schüün
сарай

de Strohballen
тюк из соломы

dat Feld
поле

dat Peerd
лошадь

de Hänger
прицеп

de Trecker
трактор

dat Fahlen
жеребёнок

de Esel
осёл

dat Schaap
овца

dat Lamm
ягнёнок

de Zeeg
коза

de Koh
корова

dat Kalf
телёнок

dat Swien
свинья

dat Farken
поросёнок

de Bull
бык

de Goos

гусь

de Aant

утка

dat Küken

цыплёнок

dat Hohn

курица

de Hahn

петух

de Rott

крыса

de Katt

кошка

de Muus

мышь

de Oss

вол

de Hund

собака

de Hunnenhütt

конура

de Goornslauch

садовый шланг

de Geetkann

лейка

de Lee

коса

de Ploog

плуг

de Sich

серп

de Hack

мотыга

de Mestfork

навозные вилы

de Ext

топор

de Schuufkoor

тачка

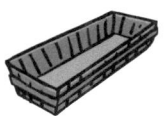

de Trog

корыто

de Melkkann

бидон для молока

de Sack

мешок

de Tuun

забор

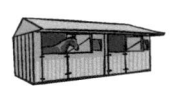

de Stall

хлев

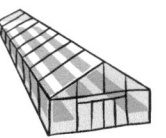

dat Drievhuus

теплица

de Bodden

почва

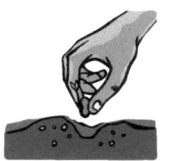

de Saat

посев

de Dünger

удобрение

de Meihdöscher

комбайн

oornen

собирать урожай

de Oorn

урожай

de Yamswöttel

ямс

de Weten

пшеница

dat Soja

соя

de Kantüffel

картофель

de Törksche Weten

кукуруза

de Rapp

рапс

de Aaftboom

фруктовое дерево

de Troopsch Kantüffel

маниок

dat Koorn

злаки

dat Huus

дом

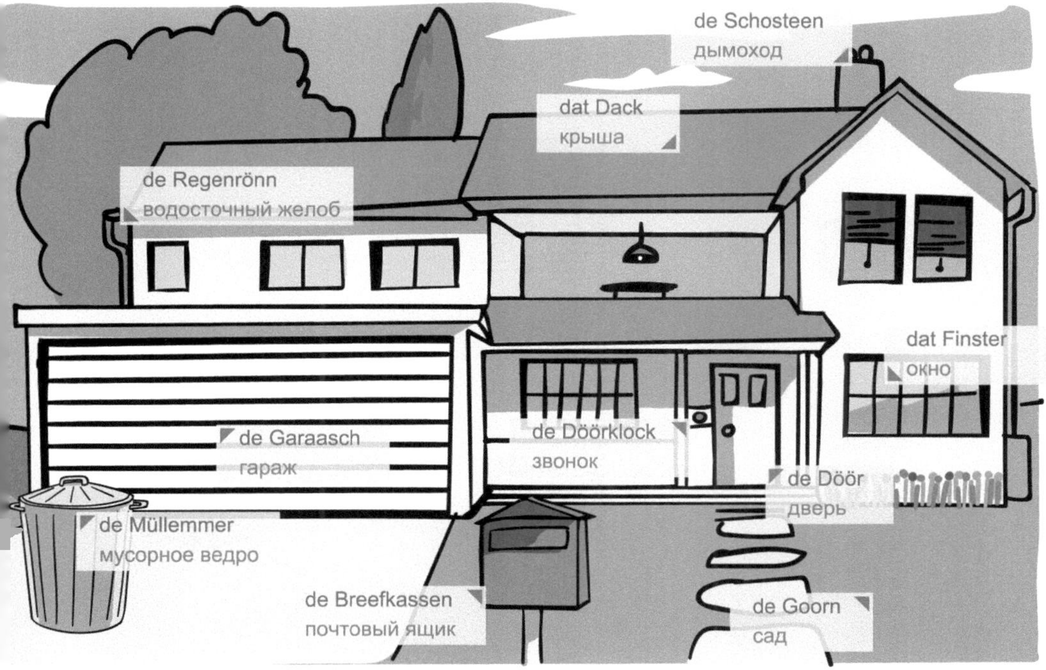
de Schosteen
дымоход
dat Dack
крыша
de Regenrönn
водосточный желоб
dat Finster
окно
de Garaasch
гараж
de Döörklock
звонок
de Döör
дверь
de Müllemmer
мусорное ведро
de Breefkassen
почтовый ящик
de Goorn
сад

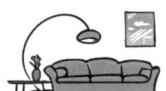

de Wahnstuuv
гостиная

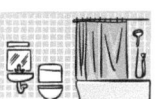

de Baadstuuv
ванная комната

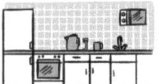

de Köök
кухня

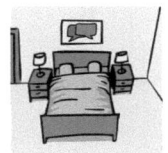

de Slaapstuuv
спальня

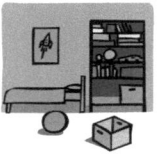

de Kinnerstuuv
детская комната

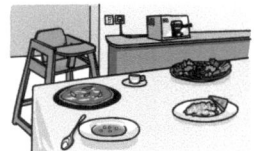

de Eetstuuv
столовая

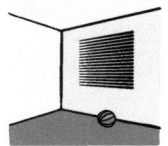

de Footbodden

пол

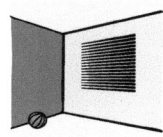

de Wand

стена

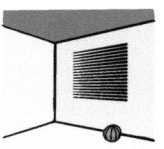

de Deek

потолок

de Keller

подвал

dat Hittluftbad

сауна

de Balkon

балкон

de Terrass

терраса

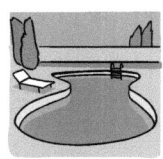

dat Swümmbad

бассейн

de Rasenmeiher

газонокосилка

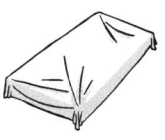

de Bettbetog

пододеяльник

de Bettdeek

покрывало

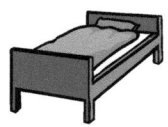

de Puuch

кровать

de Bessen

метла

de Emmer

ведро

de Schalter

выключатель

de Wahnstuuv

гостиная

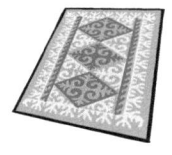

de Tapeet
обои
dat Bild
рисунок
de Lamp
лампа
dat Regal
полка
dat Schapp
шкаф
de Kiekkassen
телевизор
de Kamin
камин
de Bloom
цветок
dat Küssen
подушка
dat Sofa
диван
de Vaas
ваза
de Feernbedenen
пульт дистанционного управления

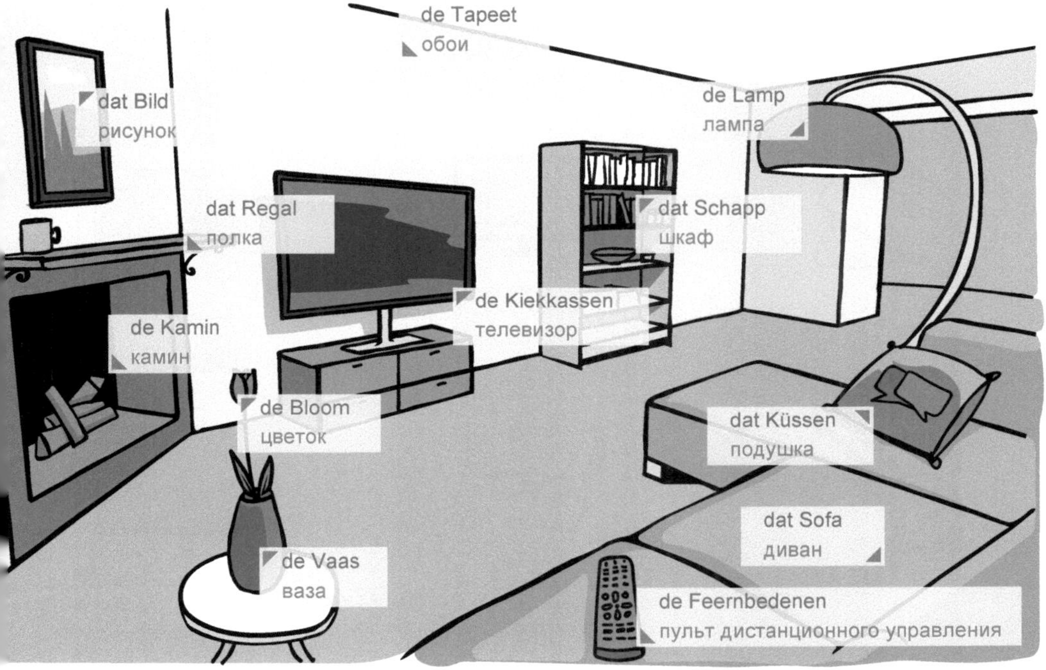

de Teppich

ковёр

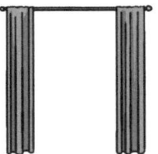

de Vörhang

штора

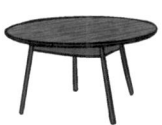

de Disch

стол

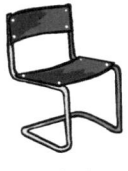

de Stohl

стул

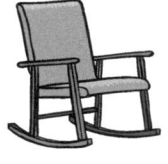

de Schuckelstohl

кресло-качалка

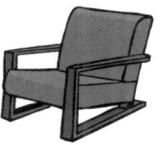

de Sessel

кресло

dat Book

книга

de Deek

покрывало

de Dekoratschoon

украшение

dat Füerholt

дрова

de Film

фильм

de Stereoanlaag

стереосистема

de Slötel

ключ

dat Narichtenblatt

газета

dat Gemälde

картина

dat Poster

плакат

dat Radio

радио

de Opschrievblock

блокнот

de Huulbessen

пылесос

de Kaktus

кактус

de Kars

свеча

de Köök
кухня

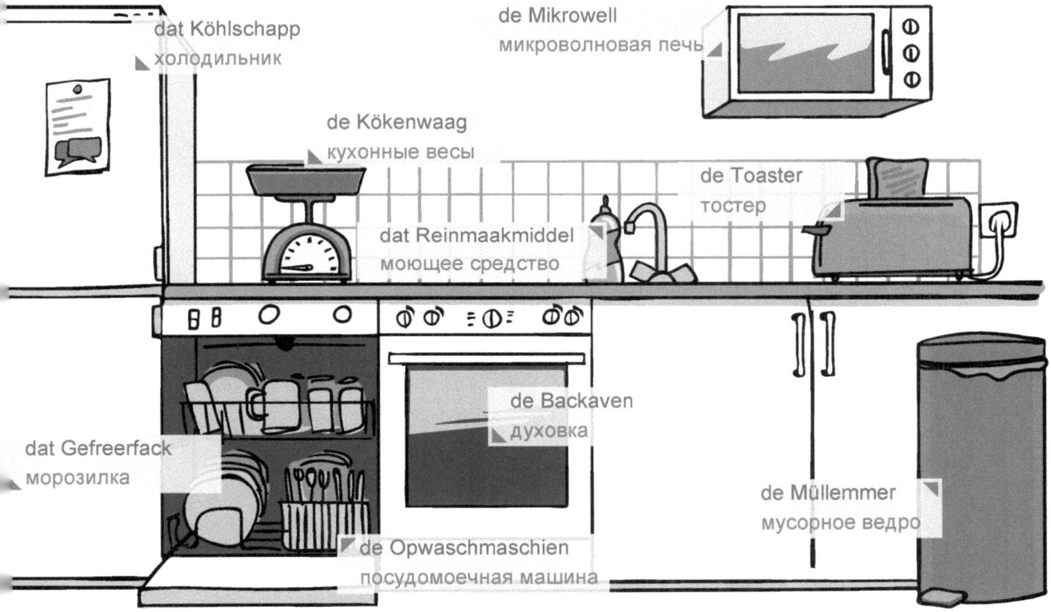
dat Köhlschapp
холодильник
de Mikrowell
микроволновая печь
de Kökenwaag
кухонные весы
de Toaster
тостер
dat Reinmaakmiddel
моющее средство
de Backaven
духовка
dat Gefreerfack
морозилка
de Müllemmer
мусорное ведро
de Opwaschmaschien
посудомоечная машина

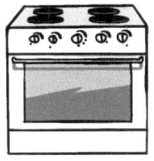

de Heerd

плита

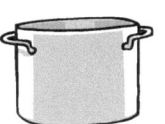

de Pott

кастрюля

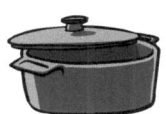

de Gussiesern Putt

чугунный котелок

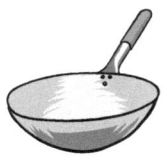

de Wok / Kadai

вок / кадай

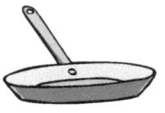

de Pann

сковорода

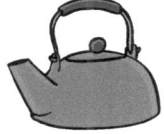

de Waterkaker

чайник

de Dampkaakputt

пароварка

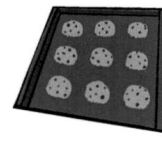

dat Backblick

противень

dat Geschirr

посуда

de Beker

кружка

de Schaal

миска

de Eetsticken

палочки для еды

de Suppenkell

половник

de Pannenwenner

лопатка

de Sneebessen

сбивалка

dat Kaakseef

сито

dat Seef

сито

de Riev

тёрка

de Mörser

ступка

de Grill

гриль

de Füerstell

костёр

dat Sniedbrett

доска

dat Nudelholt

скалка

de Proppentrecker

штопор

de Doos

жестяная банка

de Dosenaapner

консервный нож

de Pottlappen

прихватка

dat Waschbecken

раковина

de Böst

щетка

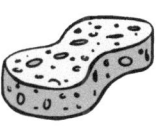

de Swamm

губка

de Mixer

миксер

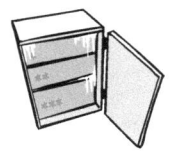

dat lesschapp

морозильная камера

de Nuckelbuddel

бутылочка для кормления

de Waterhahn

кран

de Baadstuuv
ванная комната

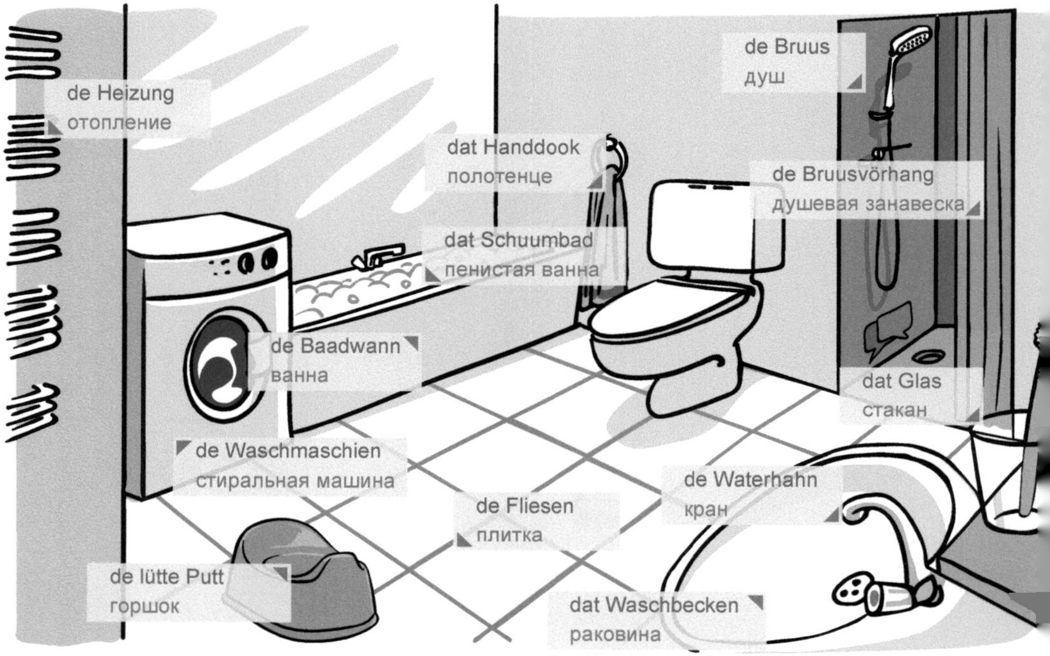

de Bruus
душ

de Heizung
отопление

dat Handdook
полотенце

de Bruusvörhang
душевая занавеска

dat Schuumbad
пенистая ванна

de Baadwann
ванна

dat Glas
стакан

de Waschmaschien
стиральная машина

de Fliesen
плитка

de Waterhahn
кран

de lütte Putt
горшок

dat Waschbecken
раковина

de Tante Meier

туалет

de Hockklo

напольный унитаз

dat Bidet

биде

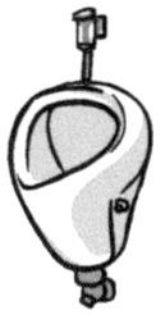

dat Miegbecken

писсуар

dat Klopapeer

туалетная бумага

de Kloböst

ершик

de Tähnböst

зубная щетка

de Tähnpast

зубная паста

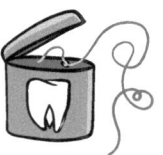

de Tähnsied

зубная нить

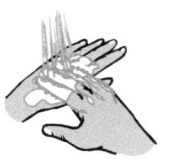

waschen

мыть

de Handbruus

ручной душ

de Intimbruus

интимный душ

de Waschschöttel

таз

de Rüchböst

щетка для спины

de Seep

мыло

dat Bruusgeel

гель для душа

dat Hoorwaschmiddel

шампунь

de Waschlappen

мочалка

de Afloop

сток

de Creme

крем

dat Deodorant

дезодорант

de Baadstuuv - ванная комната

39

de Spegel

зеркало

de Kosmetikspegel

ручное зеркало

de Raserer

бритва

de Raseerschuum

пена для бритья

dat Raseerwater

лосьон после бритья

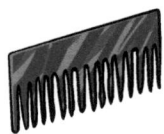

de Kamm

расческа

de Böst

щетка

de Hoordröger

фен

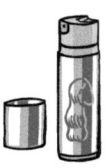

dat Hoorspray

лак для волос

de Smink

косметика

de Lippensticken

губная помада

de Nagellack

лак для ногтей

de Watt

вата

de Nagelscheer

маникюрные ножницы

dat Rüükwater

духи

de Kulturbüdel

косметичка

de Schemel

табуретка

de Waag

весы

de Baadmantel

халат

de Gummihanschen

резиновые перчатки

de Tampon

тампон

de Damenbinn

гиеническая прокладка

dat Chemieklo

биотуалет

de Kinnerstuuv

детская комната

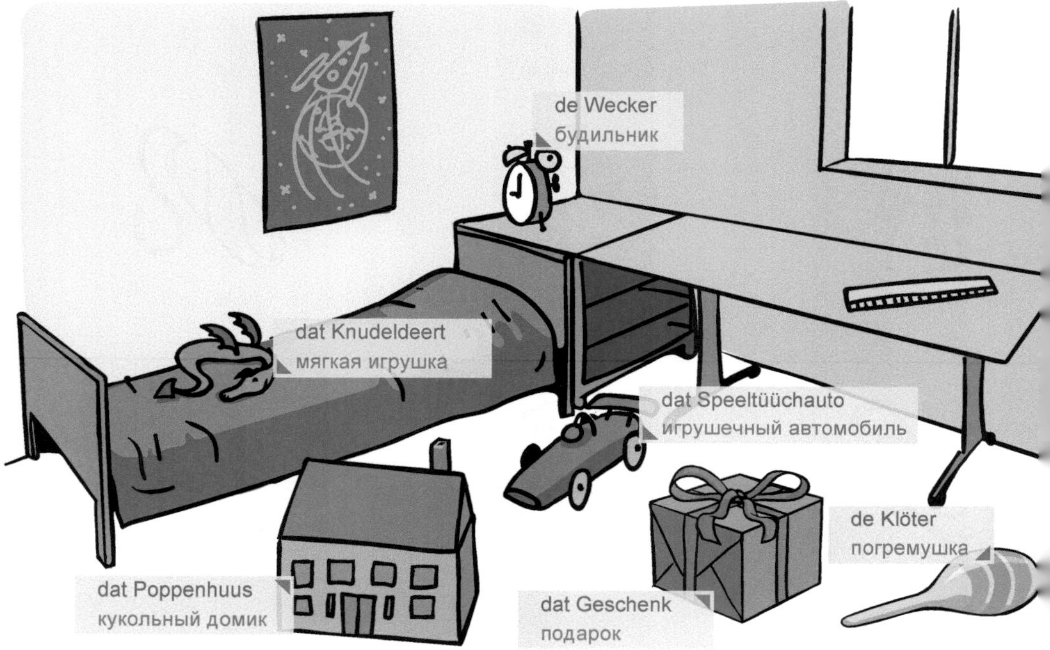

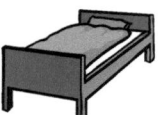

de Wecker
будильник
dat Knudeldeert
мягкая игрушка
dat Speeltüüchauto
игрушечный автомобиль
de Klöter
погремушка
dat Poppenhuus
кукольный домик
dat Geschenk
подарок

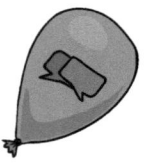

de Luftballon

воздушный шар

de Puuch

кровать

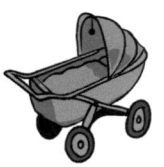

de Kinnerwagen

детская коляска

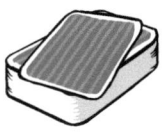

dat Koortenspeel

карточная игра

dat Puzzle

пазл

SUPER
MEGA

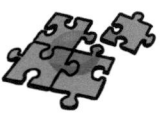

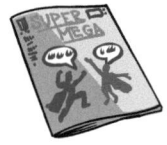

de Billergeschicht

комикс

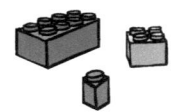

de Legostenen

кирпичики Лего

de Bustenen

кубики

de Action-Figur

игрушечная фигурка

de Strampelantog

ползунки

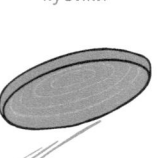

de Frisbeeschiev

фрисби

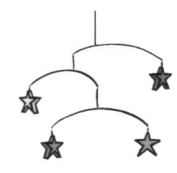

dat Mobile

мобиле

dat Brettspeel

настольная игра

de Wörpel

кубик

de Modelliesenbahn

модель железной дороги

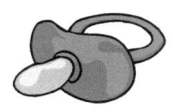

de Snuller

соска

de Party

вечеринка

dat Billerbook

книга с картинками

de Ball

мяч

de Popp

кукла

spelen

играть

de Sandkassen

песочница

de Schuckel

качели

dat Speeltüüch

игрушка

de Speelkonsool

игровая приставка

dat Dreerad

трёхколесный велосипед

de Teddyboor

плюшевый медвежонок

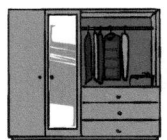

dat Klederschapp

шкаф для одежды

dat Tüüch

одежда

de Socken

носки

de Strümp

чулки

de Strumpbüx

колготки

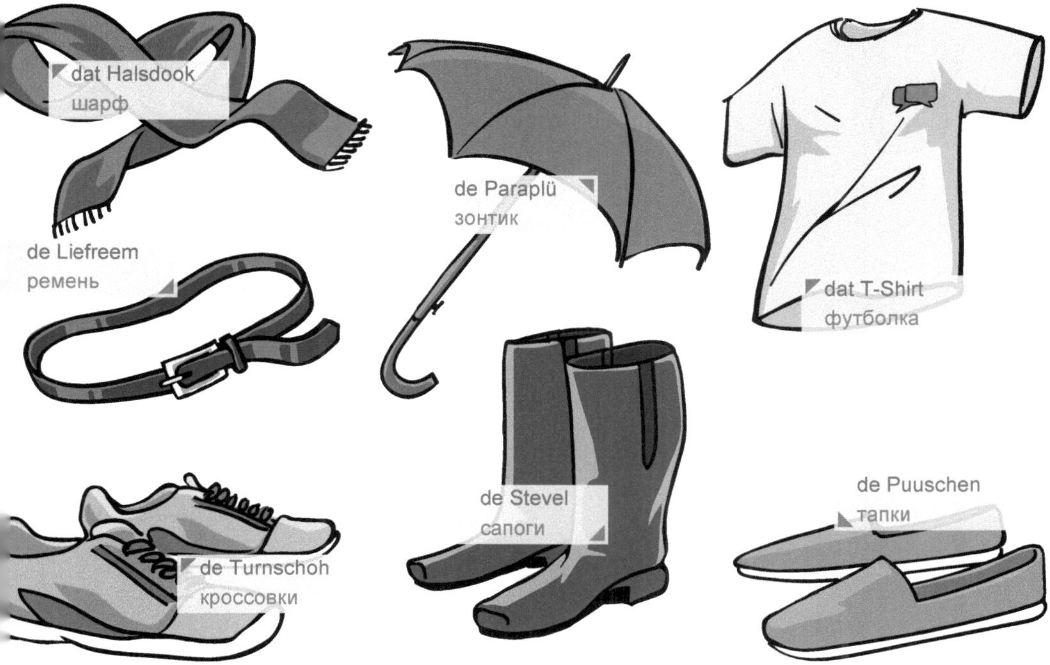

dat Halsdook
шарф

de Paraplü
зонтик

dat T-Shirt
футболка

de Liefreem
ремень

de Stevel
сапоги

de Puuschen
тапки

de Turnschoh
кроссовки

de Sandalen
сандалии

de Schoh
ботинки

de Gummistevel
резиновые сапоги

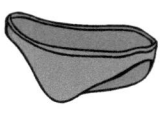

de Ünnerbüx
трусы

de Bostholler
бюстгальтер

dat Ünnerhemd
майка

de Lief

боди

de Büx

брюки

de Jeansnüx

джинсы

de Rock

юбка

de Bluus

блузка

dat Hemd

рубашка

de Pullover

свитер

de Kapuzenpullover

свитер

de Blazer

спортивная куртка

de Jack

жакет

de Mantel

пальто

de Övertrecker

плащ

dat Kostüm

костюм

dat Kleed

платье

dat Hochtietskleed

свадебное платье

de Antog

мужской костюм

dat Nachtkleed

ночная сорочка

de Slaapantog

пижама

de Sari

сари

dat Koppdook

платок

de Turban

тюрбан

de Burka

паранджа

de Kaftan

кафтан

de Abaya

абайя

de Baadantog

купальник

de Baadbüx

плавки

de Korte Büx

шорты

de Antog to'n Öven

спортивный костюм

de Schört

фартук

de Handschoh

перчатки

de Knopp

пуговица

de Brill

очки

dat Armband

браслет

de Halskeed

цепочка

de Ring

кольцо

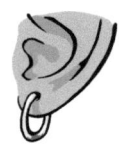

de Ohrbummel

серьга

de Mütz

шапка

de Klederbögel

вешалка

de Hoot

шляпа

de Binner

галстук

de Rietslüter

застежка молния

de Helm

шлем

dat Drachtband

подтяжки

de Schooluniform

школьная форма

de Uniform

форма

de Severböten

детский нагрудник

de Snuller

соска

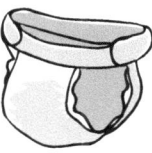

de Winnel

подгузник

dat Büro
офис

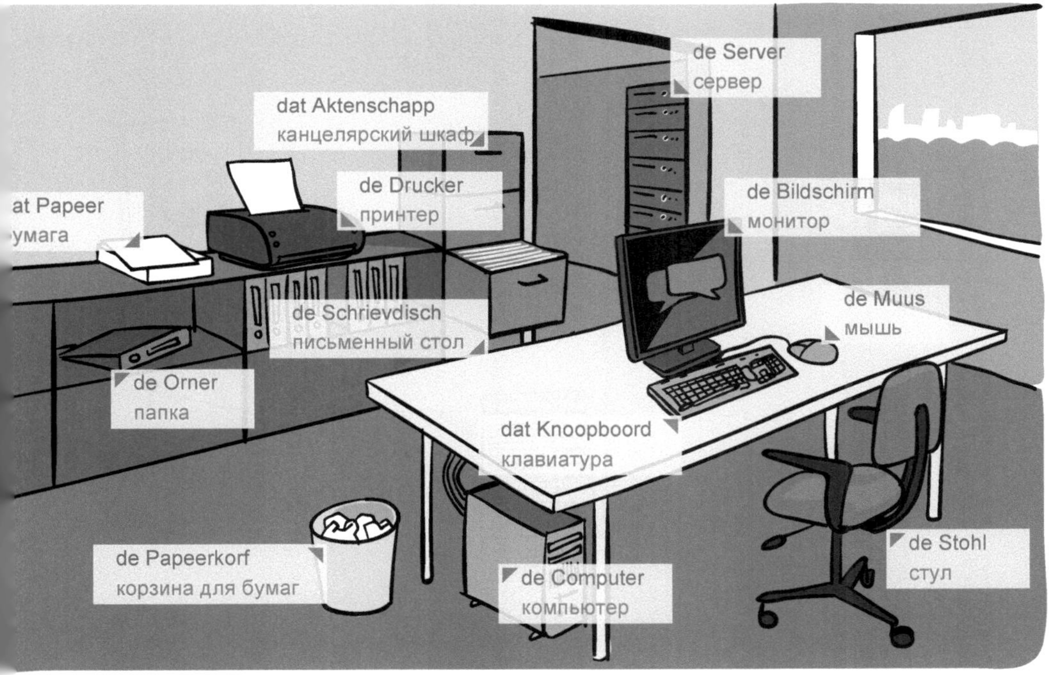

de Server
сервер

dat Aktenschapp
канцелярский шкаф

de Drucker
принтер

at Papeer
умага

de Bildschirm
монитор

de Schrievdisch
письменный стол

de Muus
мышь

de Orner
папка

dat Knoopboord
клавиатура

de Papeerkorf
корзина для бумаг

de Computer
компьютер

de Stohl
стул

de Koffiebeker

кофейная кружка

de Taschenreekner

калькулятор

dat Internet

интернет

de Klappreekner

ноутбук

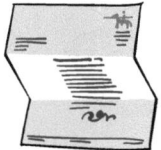

de Breef

письмо

de Naricht

сообщение

de Ackersnacker

мобильный телефон

dat Nettwark

сеть

de Kopeerapparat

ксерокс

de Software

программа

de Klöönkassen

телефон

de Steekdoos

розетка

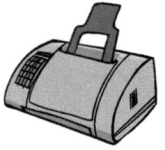

de Faxapparat

факс

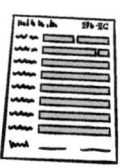

dat Formulor

формуляр

dat Dokument

документ

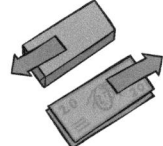

köpen

покупать

betahlen

платить

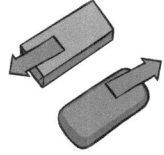

hanneln

торговать

dat Geld

деньги

 USD

de Dollar

доллар

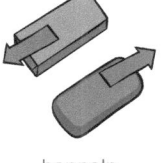 EUR

de Euro

евро

 JPY

de Yen

иена

 RUB

de Ruvel

рубль

 CHF

de Swiezer Franken

франк

 CNY

de Renminbi Yuan

жэньминьби юань

 INR

de Rupie

рупия

de Geldautomat

банкомат

de Wesselstuuv

пункт обмена валюты

dat Gold

золото

dat Sülver

серебро

dat Ööl

нефть

de Energie

энергия

de Pries

цена

de Verdrag

договор

de Stüer

налог

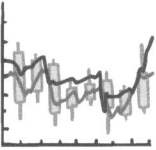

de Andeelschien

акция

arbeiden

работать

de Anstellte

служащий

de Arbeitgever

работодатель

de Fabrik

фабрика

de Hökerie

магазин

de Profeschonen
профессии

de Wachtmeester
милиционер

de Füerwehrmann
пожарный

de Kock
повар

de Dokter
врач

de Fleger
пилот

de Goorner
садовник

de Discher
столяр

de Neihersche
швея

de Richter
судья

de Chemiker
химик

de Schauspeler
актёр

de Profeschonen - профессии 53

de Busfohrer

водитель автобуса

de Taxifohrer

таксист

de Fischer

рыбак

de Reinmaakfru

уборщица

de Dackdecker

кровельщик

de Kellner

официант

de Jäger

охотник

de Maler

художник

de Bäcker

пекарь

de Elektriker

электрик

de Buarbeider

строитель

de Ingenieur

инженер

de Slachter

мясник

de Klempner

сантехник

de Postbüdel

почтальон

de Suldat

солдат

de Architekt

архитектор

de Kasserer

кассир

de Florist

флорист

de Putzbüdel

парикмахер

de Schaffner

кондуктор

de Mechaniker

механик

de Kaptein

капитан

de Tähndokter

зубной врач

de Wetenschopler

ученый

de Rabbi

раввин

de Imam

имам

de Mönk

монах

de Paap

священник

dat Warktüüch
инструменты

de Tang
плоскогубцы
de Hamer
молоток
de Schruvendreiher
отвёртка
de Schruvenslötel
гаечный ключ
de Taschenlam
карманный фо

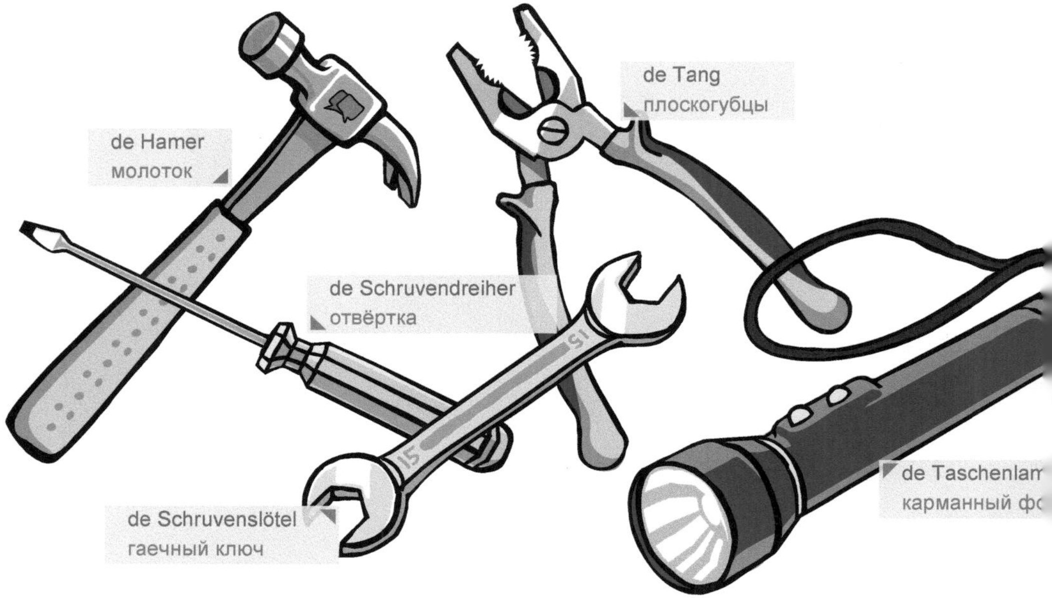

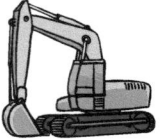

de Grieper

экскаватор

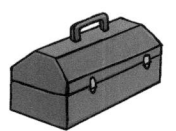

de Warktüüchkassen

ящик для инструментов

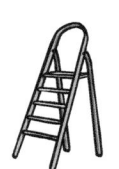

de Ledder

стремянка

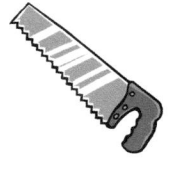

de Saag

пила

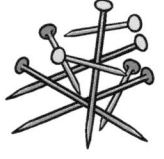

de Nagels

гвозди

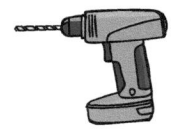

de Bohrer

дрель

heelmaken

ремонтировать

de Schüffel

лопата

Schiet!

Блин!

dat Kehrblick

совок

de Farvpott

ведро с краской

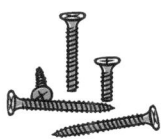

de Schruven

винты

de Musikinstrumenten

музыкальные инструменты

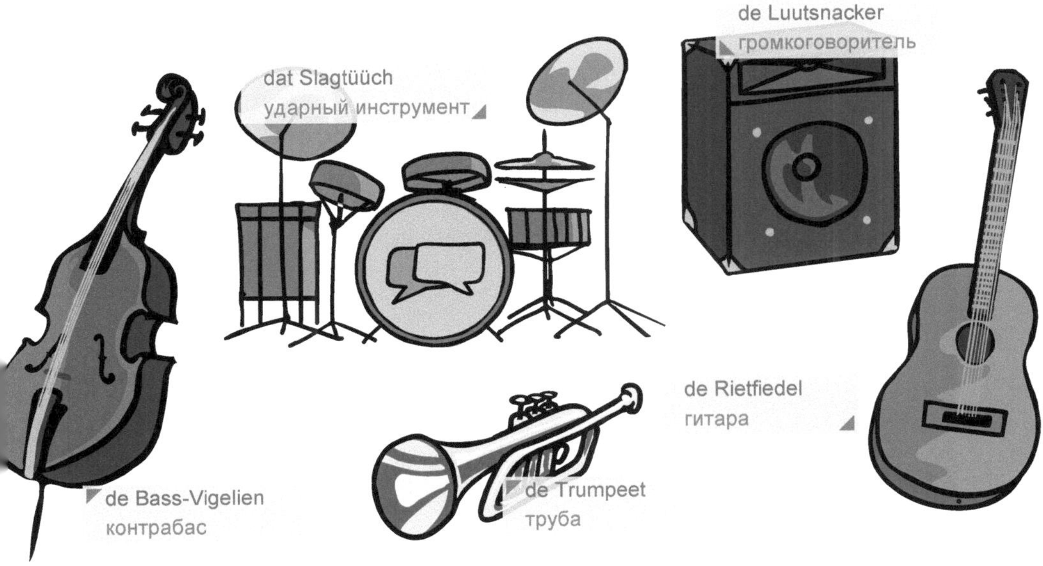

de Luutsnacker
громкоговоритель

dat Slagtüüch
ударный инструмент

de Rietfiedel
гитара

de Bass-Vigelien
контрабас

de Trumpeet
труба

dat Klaveer

пианино

de Vigelien

скрипка

de Bass

бас-гитара

de Pauk

литавры

de Trummeln

барабан

dat Keyboard

синтезатор

dat Saxophon

саксофон

de Fleut

флейта

dat Mikrofoon

микрофон

de Deertenpark

зоопарк

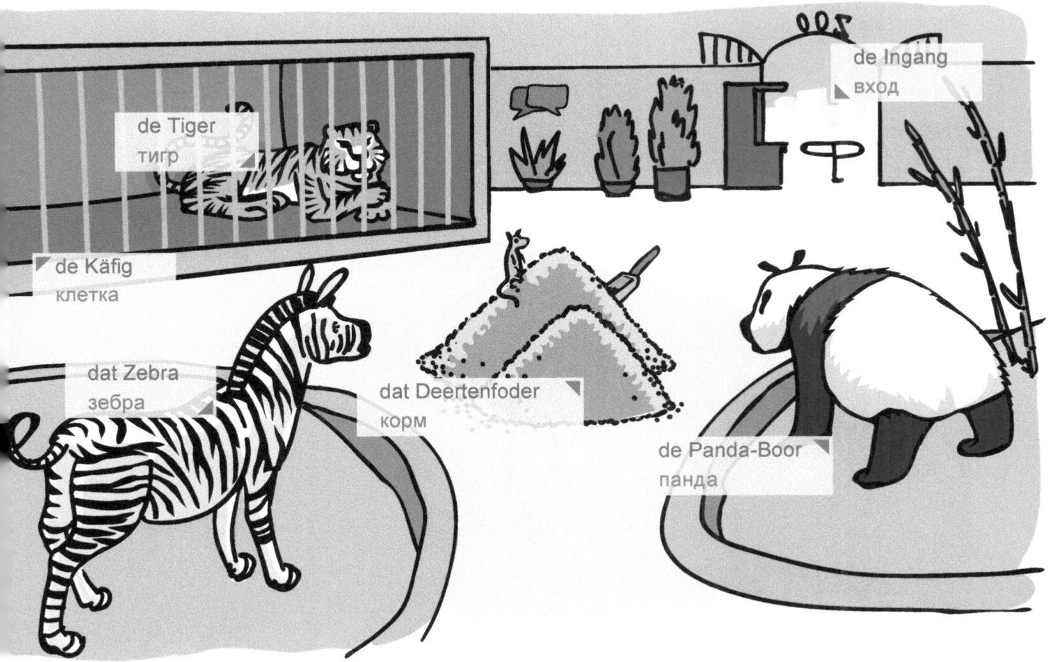
de Ingang
вход
de Tiger
тигр
de Käfig
клетка
dat Zebra
зебра
dat Deertenfoder
корм
de Panda-Boor
панда

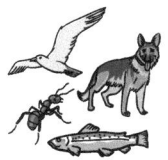

de Deerten

животные

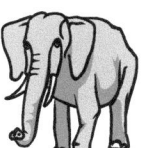

de Elefant

слон

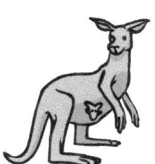

dat Känguru

кенгуру

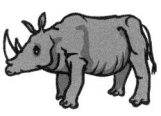

dat Neeshoorn

носорог

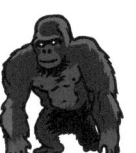

de Gorilla

горилла

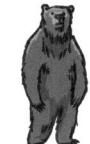

de Boor

медведь

dat Kameel

верблюд

de Struuß

страус

de Lööv

лев

de Aap

обезьяна

de Flamingo

фламинго

de Papagoi

попугай

de Iesboor

белый медведь

de Pinguin

пингвин

de Haifisch

акула

de Pageluun

павлин

de Slang

змея

dat Krokodil

крокодил

de Oppasser in'n
Deertenpark

служитель зоопарка

de Saalhund

тюлень

de Jaguor

ягуар

de Deertenpark - зоопарк

dat Pony

пони

de Leopard

леопард

dat Nilpeerd

бегемот

de Giraff

жираф

de Aadler

орёл

dat Wildswien

кабан

de Fisch

рыба

de Schildkrööt

черепаха

dat Walross

морж

de Voss

лиса

de Gazell

газель

de Sport

спорт

de Amerikaansch Football
американский футбол

dat Radfohren
езда на велосипеде

dat Tennis
теннис

de Korfball
баскетбол

dat Swümmen
плавание

dat Boxen
бокс

dat Ieshockey
хоккей

de Football
футбол

dat Fedderball
бадминтон

de Leichtathletik
лёгкая атлетика

de Handball
гандбол

dat Skilopen
лыжный спорт

dat Polo
поло

springen
прыгать

lachen
смеяться

ümarmen
обнимать

gahn
идти

singen
петь

drömen
мечтать

beden
молиться

snuteln
целовать

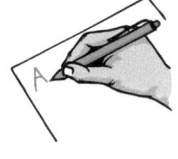

schrieven
писать

teken
рисовать

wiesen
показывать

drücken
нажимать

geven
давать

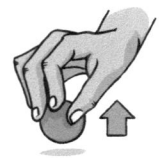

nehmen
брать

hebben

иметь

doon

делать

sien

быть

stahn

стоять

lopen

бежать

trecken

тянуть

smieten

бросать

fallen

падать

liggen

лежать

töven

ждать

dregen

носить

sitten

сидеть

antrecken

надевать

slapen

спать

opwaken

просыпаться

ankieken

рассматривать

wenen

плакать

eien

гладить

kämmen

причесывать

snacken

говорить

verstahn

понимать

fragen

спрашивать

hören

слушать

drinken

пить

eten

кушать

oprümen

наводить порядок

leefhebben

любить

kaken

готовить

fohren

ехать

flegen

летать

segeln

ходить под парусом

reken

считать

lesen

читать

lehren

учиться

arbeiden

работать

de Plünnen tohoopsmieten

вступать в брак

neihen

шить

Tähnen putzen

чистить зубы

dootmaken

убивать

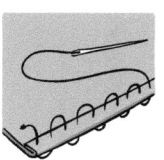

smöken

курить

schicken

отправлять

de Familje

семья

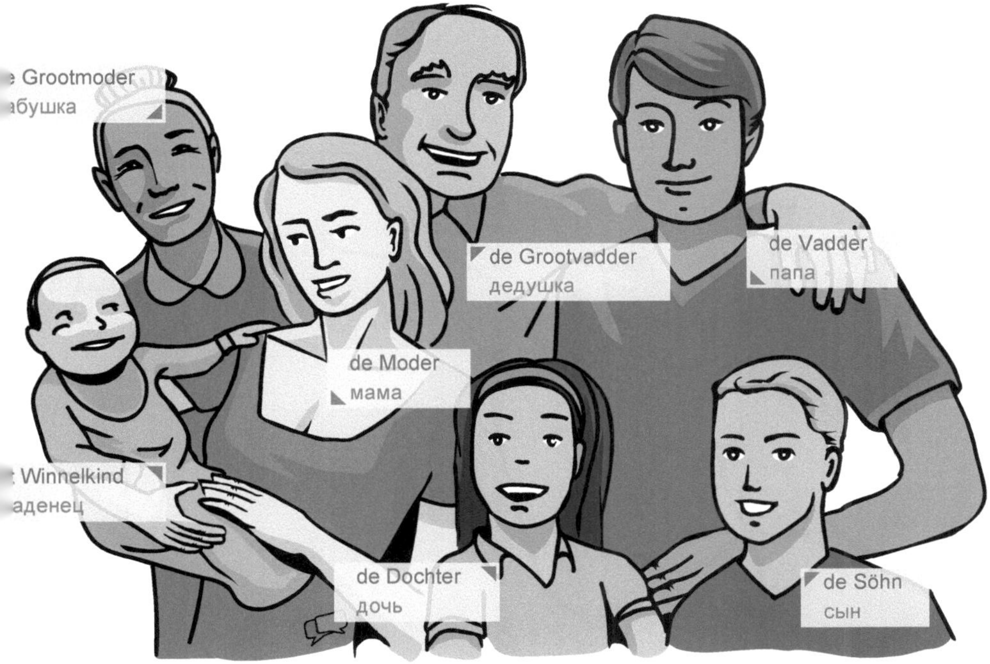

e Grootmoder
абушка
de Grootvadder
дедушка
de Vadder
папа
de Moder
мама
t Winnelkind
аденец
de Dochter
дочь
de Söhn
сын

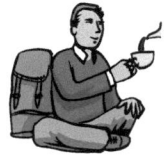

de Gast

гость

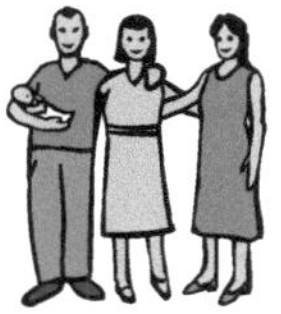

de Tant

тетя

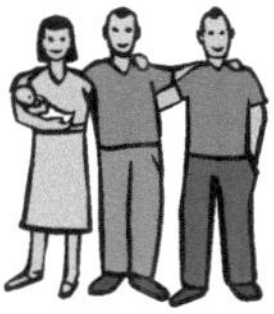

de Unkel

дядя

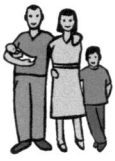

de Broder

брат

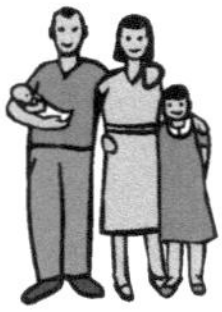

de Süster

сестра

de Lief

тело

de Vörkopp
лоб
dat Oog
глаз
de Schuller
плечо
de Finger
палец
dat Gesicht
лицо
dat Kinn
подбородок
de Hand
кисть
dat Been
нога
de Bost
грудь
de Arm
рука

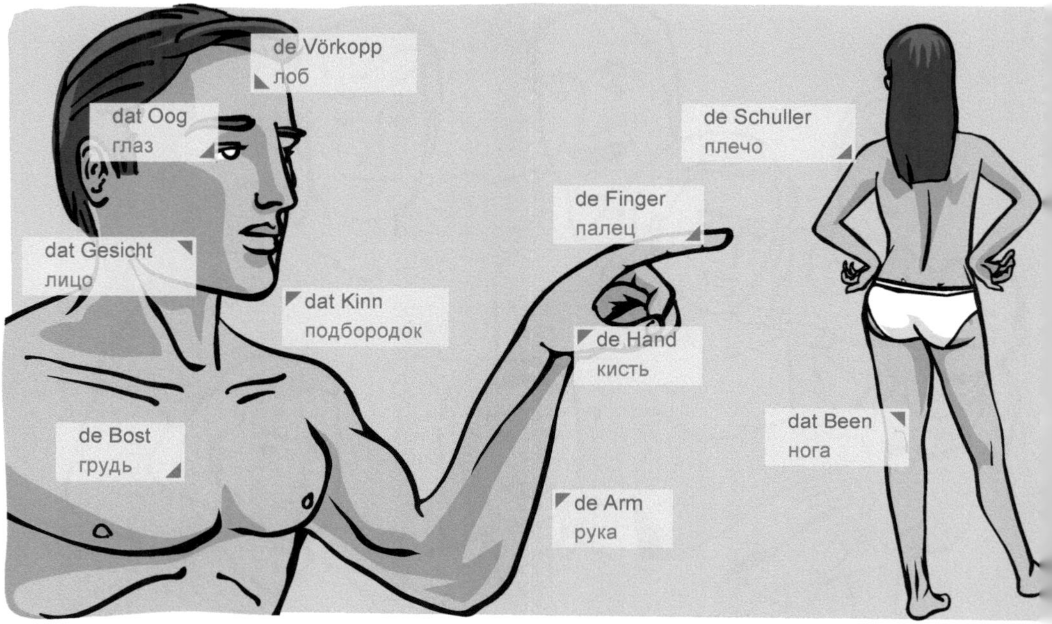

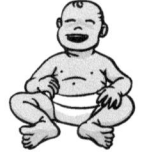

dat Winnelkind
младенец

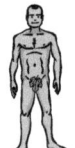

de Mann
мужчина

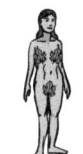

de Fro
женщина

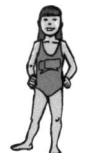

de Deern
девочка

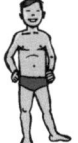

de Jung
мальчик

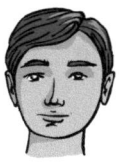

de Arm
голова

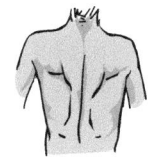

de Rüch

спина

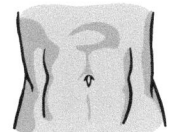

de Buuk

живот

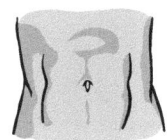

de Navel

пупок

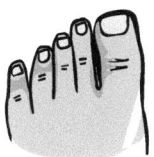

de Teh

палец ноги

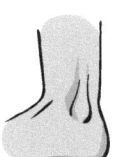

de Hack

пятка

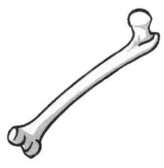

de Knaken

кость

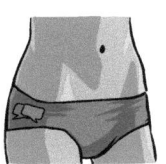

de Hüft

бедро

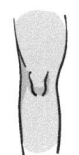

dat Knee

колено

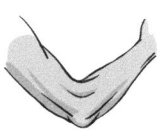

de Ellbagen

локоть

de Nees

нос

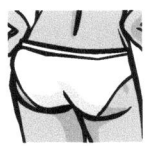

de Achtersen

ягодицы

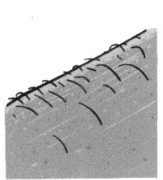

de Huut

кожа

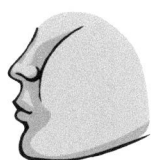

de Back

щека

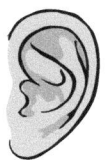

dat Ohr

ухо

de Lipp

губа

de Lief - тело

69

de Mund

рот

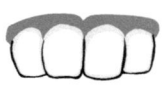

de Tähn

зуб

de Tung

язык

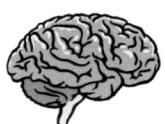

de Bregen

мозг

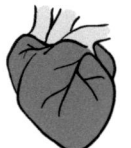

dat Hart

сердце

de Muskel

мышца

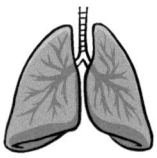

de Lung

лёгкое

de Lever

печень

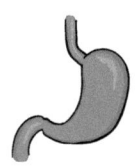

de Maag

желудок

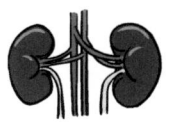

de Neren

почки

de Bislaap

половой акт

dat Kondoom

презерватив

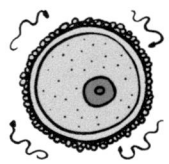

de Eizell

яйцеклетка

dat Sperma

сперма

de Anner Ümstänn

беременность

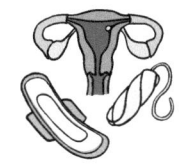

de Menstruatschoon

менструация

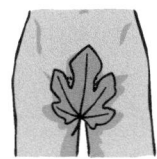

de Scheed

вагина

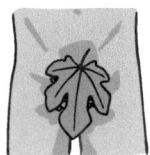

de Pint

пенис

de Ogenbroe

бровь

dat Hoor

волосы

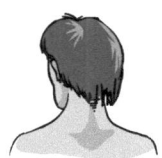

de Hals

шея

dat Krankenhuus
больница

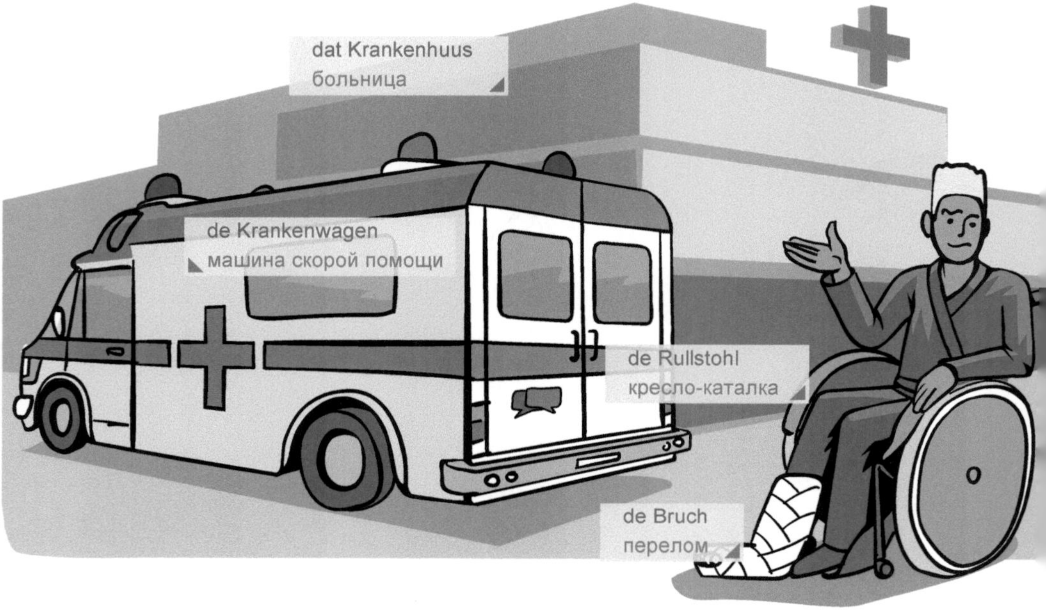

dat Krankenhuus
больница
de Krankenwagen
машина скорой помощи
de Rullstohl
кресло-каталка
de Bruch
перелом

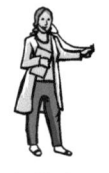

de Dokter

врач

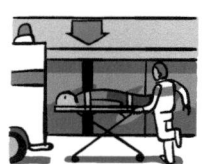

de Nootopnahm

пункт первой помощи

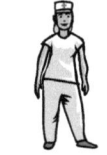

de Krankensüster

медсестра

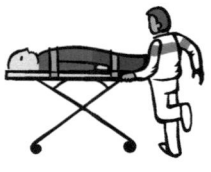

de Nootfall

неотложный случай

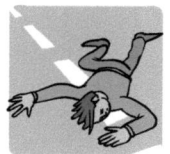

ahnmächtig

без сознания

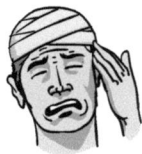

de Wehdaag

боль

de Verwunnen

повреждение

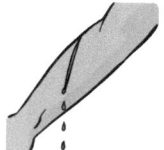

de Blöden

кровотечение

de Hartinfarkt

инфаркт

de Slaganfall

инсульт

de Allergie

аллергия

de Hoosten

кашель

dat Fever

овышенная температура

de Gripp

грипп

de Dörchfall

понос

de Koppwehdaag

головная боль

de Kreeft

рак

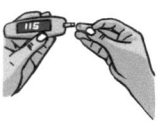

de Zuckersüük

диабет

de Chirurg

хирург

dat Chirurgsch Mess

скальпель

de Operatschoon

операция

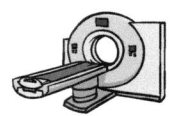

dat CT

КТ

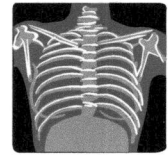

de Dörchlüchten

рентген

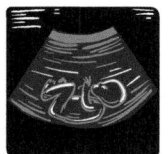

de Ultraschall

ультразвук

de Mask

маска

de Krankheit

болезнь

de Töövruum

приёмная

de Krück

костыль

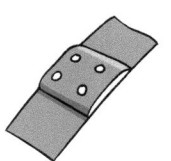

dat Plaaster

пластырь

de Verband

бинт

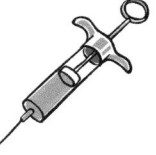

de Insprütten

укол

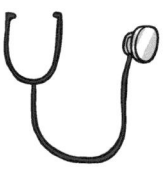

dat Stethoskop

стетоскоп

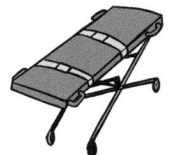

de Draag

носилки

dat Feverthermometer

термометр

de Geboort

рождение

dat Övergewicht

избыточный вес

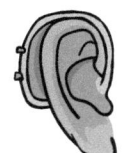

de Höörapparat

слуховой аппарат

dat Kiemfriemiddel

дезинфекционное средство

de Ansteken

инфекция

de Virus

вирус

dat HIV / AIDS

ВИЧ / СПИД

dat Heelmiddel

лекарство

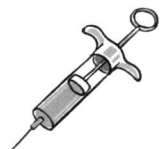

de Impen

прививка

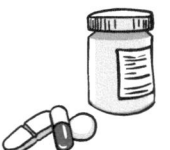

de Tabletten

таблетки

de Pill

противозачаточная таблетка

de Nootroop

экстренный вызов

de Blootdruck-Meter

прибор для измерения кровяного давления

krank / gesund

больной / здоровый

Hölp!

Помогите!

de Alarm

сигнал тревоги

de Överfall

нападение

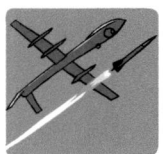

de Angreep

атака

de Gefohr

опасность

de Nootutgang

запасной выход

dat Füer!

Пожар!

de Füerlöscher

огнетушитель

de Unfall

несчастный случай

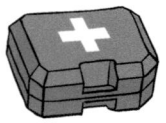

de Noothölpkoffer

аптечка

SOS

SOS

de Polizei

милиция

Europa

Европа

Noordamerika

Северная Америка

Süüdamerika

Южная Америка

Afrika

Африка

Asien

Азия

Australien

Австралия

de Atlantik

Атлантический океан

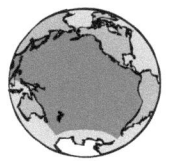

de Pazifik

Тихий океан

dat Indisch Weltmeer

Индийский океан

dat Antarktisch Weltmeer

Антарктический океан

dat Arktisch Weltmeer

Северный Ледовитый океан

de Noordpol

Северный полюс

de Süüdpol

Южный полюс

de Antarktis

Антарктика

de Eerd

земля

dat Land

суша

de See

море

dat Eiland

остров

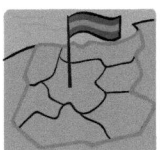

de Natschoon

нация

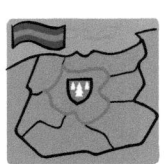

de Staat

государство

dat Tallenblatt

циферблат

de Stunnenwieser

часовая стрелка

de Minutenwieser

минутная стрелка

de Sekunnenwieser

секундная стрелка

Wo laat is dat?

Который час?

de Dag

день

de Tiet

время

nu

сейчас

de digetaalsch Klock

электронные часы

de Minuut

минута

de Stunn

час

de Week

неделя

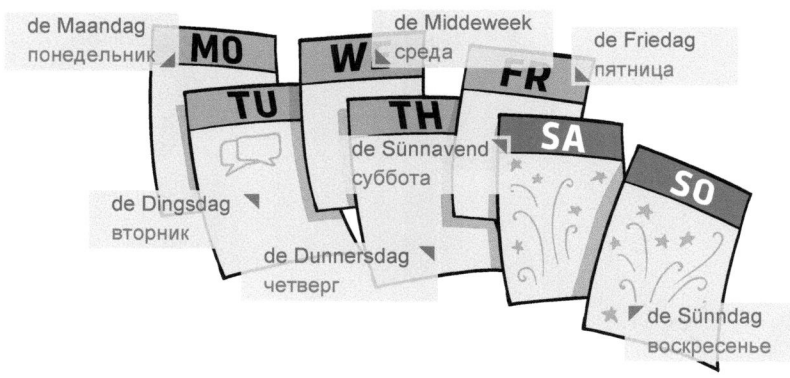

de Maandag — понедельник
de Middeweek — среда
de Friedag — пятница
de Dingsdag — вторник
de Sünnavend — суббота
de Dunnersdag — четверг
de Sünndag — воскресенье

güstern

вчера

hüüt

сегодня

morgen

завтра

de Morgen

утро

de Meddag

полдень

de Avend

вечер

MO	TU	WE	TH	FR	SA	SU
1	2	3	4	5	6	7
8	9	10	11	12	13	14
15	16	17	18	19	20	21
22	23	24	25	26	27	28
29	30	31	1	2	3	4

de Arbeitsdaag

рабочие дни

MO	TU	WE	TH	FR	SA	SU
1	2	3	4	5	6	7
8	9	10	11	12	13	14
15	16	17	18	19	20	21
22	23	24	25	26	27	28
29	30	31	1	2	3	4

dat Wekenenn

выходные

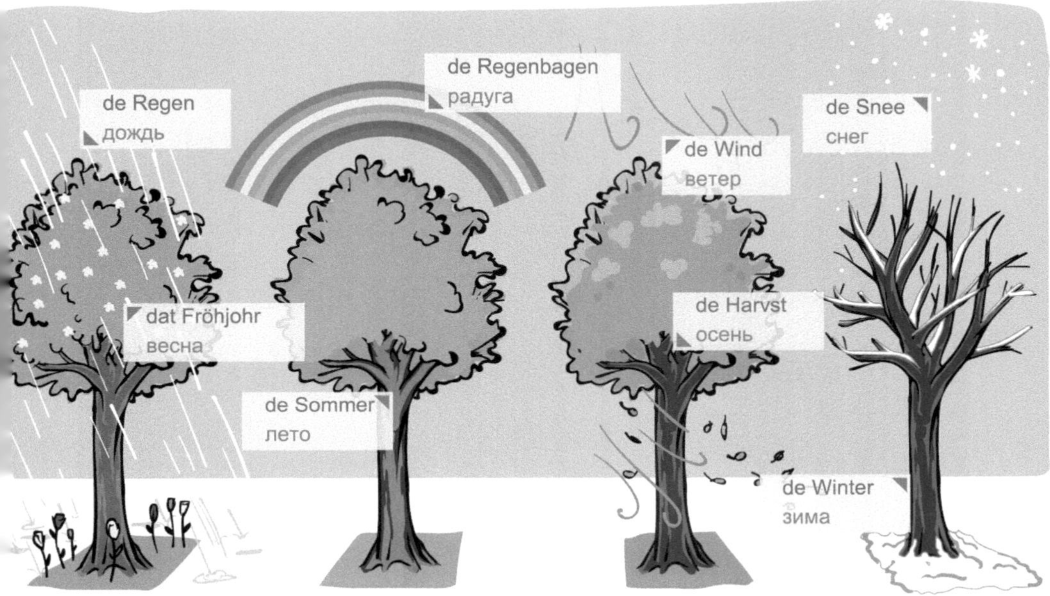

de Regen
дождь

de Regenbagen
радуга

de Snee
снег

de Wind
ветер

dat Fröhjohr
весна

de Harvst
осень

de Sommer
лето

de Winter
зима

4.APRIL	11°	☀
5.APRIL	4°	☁
6.APRIL	13°	⛈
7.APRIL	8°	☀
8.APRIL	10°	☀

de Wedervörhersaag

прогноз погоды

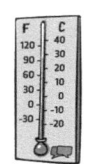

dat Thermometer

термометр

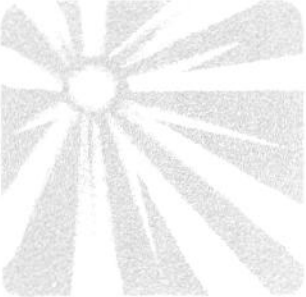

de Sünnenschien

солнечный свет

de Wulk

туча

de Nevel

туман

de Luftfuchtigkeit

влажность воздуха

de Blitz

молния

de Dunner

гром

de Storm

буря

de Hagel

град

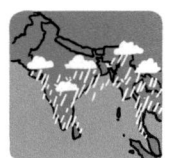

de Monsun

муссон

de Floot

наводнение

dat Ies

лёд

de Januormaand

январь

de Februormaand

февраль

de Martmaand

март

de Aprilmaand

апрель

de Maimaand

май

de Junimaand

июнь

de Julimaand

июль

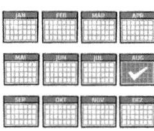

de Augustmaand

август

de Septembermaand

сентябрь

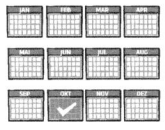

de Oktobermaand

октябрь

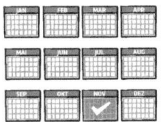

de Novembermaand

ноябрь

de Dezembermaand

декабрь

de Formen
формы

de Krink

круг

dat Quadrat

квадрат

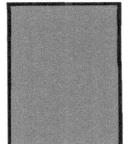

dat Rechteck

прямоугольник

dat Dreeeck

треугольник

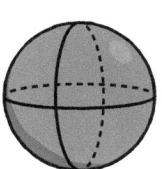
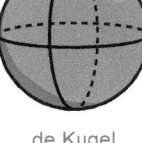

de Kugel

шар

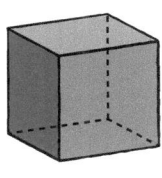

de Wörpel

куб

witt

белый

geel

желтый

orangsch

оранжевый

pink

розовый

root

красный

lila

лиловый

blau

синий

gröön

зелёный

bruun

коричневый

gries

серый

swart

черный

veel / wenig

много / мало

böös / verdreeglich

яростный / мирный

smuck / mies

красивый / уродливый

de Begünn / dat Enn

начало / конец

groot / lütt

большой / маленький

hell / düüster

светлый / темный

de Broder / de Süster

брат / сестра

schier / schietig

чистый / грязный

kumpleet / nich kumpleet

полный / неполный

de Dag / de Nacht

день / ночь

doot / lebennig

мёртвый / живой

breet / small

широкий / узкий

geneetbor / nich geneetbor

съедобный / несъедобный

böös / fründlich

злой / дружелюбный

fickerig / langwielt

взволнованный / скучающий

dick / dünn

толстый / худой

toeerst / toletzt

сначала / в конце

de Fründ / de Fiend

друг / враг

vull / leddig

полный / пустой

hart / week

твёрдый / мягкий

swoor / licht

тяжёлый / легкий

de Smacht / de Döst

голод / жажда

krank / gesund

больной / здоровый

nich na't Recht / na't Recht

незаконный / законный

klook / dummerhaftig

умный / глупый

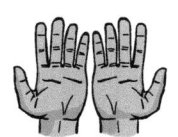

linkerhand / rechterhand

слева / справа

neeg / feern

близко / далеко

nieg / bruukt

новый / подержанный

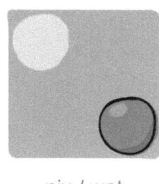

nix / wat

ничто / нечто

oolt / jung

старый / молодой

an / ut

включено / выключено

apen / slaten

открыто / закрыто

lies / luut

тихо / громко

riek / arm

богатый / бедный

richtig / verkehrt

правильный /
неправильный

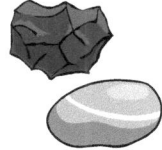

ruug / glatt

шероховатый / гладкий

trurig / glücklich

печальный / счастливый

kort / lang

короткий / длинный

suutje / flink

медленный / быстрый

natt / dröög

мокрый / сухой

warm / köhl

тёплый / прохладный

de Krieg / de Freden

война / мир

de Tallen
цифры

0
null
ноль

1
een
один

2
twee
два

3
dree
три

4
veer
четыре

5
fief
пять

6
söss
шесть

7
söven
семь

8
acht
восемь

9
negen
девять

10
teihn
десять

11
ölven
одиннадцать

12

twölf

двенадцать

13

dörteihn

тринадцать

14

veerteihn

четырнадцать

15

föffteihn

пятнадцать

16

sössteihn

шестнадцать

17

söventeihn

семнадцать

18

achtteihn

восемнадцать

19

negenteihn

девятнадцать

20

twintig

двадцать

100

hunnert

сто

1.000

dusend

тысяча

1.000.000

million

миллион

dat Engelsch

английский

dat Amerikaansch Engelsch

американский английский

dat Chineesch Mandarin

мандаринский китайский

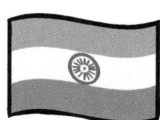

dat Hindi

хинди

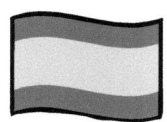

dat Spaansch

испанский

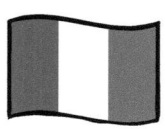

dat Franzöösch

французский

dat Araabsch

арабский

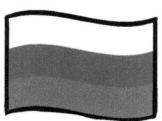

dat Rusch

русский

dat Portugiesch

португальский

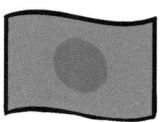

dat Bengaalsch

бенгальский

dat Düütsch

немецкий

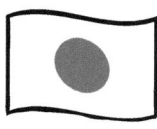

dat Japaansch

японский

ik

я

du

ты

he / se / dat

он / она / оно

wi

мы

ji

вы

se

они

keen?

кто?

wat?

что?

woans?

как?

woneem?

где?

wannehr?

когда?

de Naam

имя

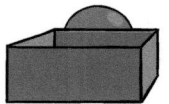

achter

за

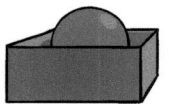

in

в

vör

перед

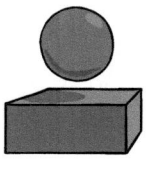

över

над

op

на

ünner

под

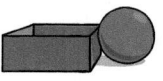

blangen

рядом

twüschen

между

de Oort

место